AF285529

Herstellung und Verlag:
Books on Demand GmbH, Norderstedt
ISBN 978-3-8423-4102-9

*Außergewöhnliche Menschen
entdeckst du dort,
wo du es am Wenigsten erwartest.*

Das Leben und ICH

ICH

Gedichte, Texte und Zitate
von
Silke Dirksen

Inhalt

Vorwort

Jeder Mensch hat seine eigene Geschichte, doch wenn ich gewusst hätte was mich auf dieser Welt erwartet, dann hätte ich es mir gerne noch mal überlegt geboren zu werden. Besonders für einen sensiblen emphatischen Menschen wie mich, ist es auf Erden schwer ein zufriedenes Leben zu verbringen. Doch nun bin ich mal hier und mache das Beste daraus. Einige Menschen, die ich im Laufe meiner Lebenszeit kennenlernte, haben mir zu denken gegeben, im Positivem wie im Negativem. Ich musste erst viele (eher negative) Situationen erleben um zu verstehen, wer ich bin, wie ich das mit den Gefühlen geregelt bekomme, wie ich mich gegenüber meinen Mitmenschen verhalte (um das sie meine eher zurückhaltende Art nicht missverstehen) und mich dadurch falsch einschätzen. Manche Menschen verstehen mich jedoch immer noch nicht, ob sie es nicht wollen oder nicht können bleibt offen. Zwar bin ich kontaktfreudig, doch an manchen Tagen, aus denen auch Wochen werden können, will ich nur mit mir zu tun haben. Dann ziehe ich mich zurück und mache es mir Zuhause gemütlich. Mit Zuhause meine ich die Wohnung in der ich lebe, obwohl ich mich „dort" nicht wirklich heimisch fühle. Doch bin ich am Liebsten „Zuhause", besonders wenn es mir draußen zu kalt wird, und damit meine ich nicht nur das Wetter. Dadurch kam es zu den Gedichten, Texten und Zitaten, die ihr gleich im Anschluss lesen werdet. Sie entstanden in den vier Jahren, in dem mein Leben ins Chaos fiel. Nie im Leben dachte ich daran, dass mir dies alles passieren würde. Und diese Texte halfen mir um mit der Vergangenheit abzuschließen. Worum es ging könnt ihr aus den Texten gut herauslesen. Zwar hat mich nicht alles selbst betroffen, einiges habe ich bei anderen mitbekommen, das beschäftigte mich so sehr, dass ich es ebenfalls in Worte zusammenfasste. Mittlerweile meistere ich mein Leben ganz gut, besonders wenn ich zurückdenke was sich alles ereignete…

Wenn die Menschen mehr Verantwortungsgefühl den anderen Menschen und der Natur gegenüber zeigten, wenn sie ihre Herzen öffneten, wenn sie mehr Respekt vor dem anderen hätten, wenn sie das Leben wichtig hielten, wenn sie endlich anfingen von Innen heraus zu leben, dann sehe die Welt ganz anders aus und die Menschen könnten friedlicher miteinander leben.

Jeder Einzelne ist die Veränderung, die er sich wünscht.

Mach DU den Anfang!

Auf ihre Weise

Warum nur ließ ich mich darauf ein?
Ich hab´ so eine Wut und könnt´ nur
schrei´n.
Tag ein, Tag aus, frag ich mich warum.
Ich lernte daraus, bin nicht mehr so
dumm.

Dann hörte ich, es sagte sie, auch für
dich kommt diese schöne Zeit,
du wirst es spüren und erkennst es mit
Sicherheit.

Vertraue mir, es gibt die Wahre Liebe.
Jetzt glaube daran!
Sie kommt zu dir, auch wenn es dauern
kann.

Und wer das sagte, hörte ich einst ganz
leise.
Es war meine innere Stimme, sie sagte es
mir auf ihre Weise.

Aus den Augen

Aus den Augen, aus dem Sinn,
da steckt viel Wahres drin.
Doch Menschen die wirklich lieben
und sich sehr Nahe steh´n,
werden sich im Laufe des Lebens
irgendwann wiederseh´n.

~ ~ ~

Das Gute

Wo sind sie hin die Guten?
Sie sind da, wenn andere sich sputen!

Die dein Innerstes dort berühren
wo noch keiner war.
Sie sind ganz versteckt hier auf Erden,
nur sind sie rar.

Du kannst es sehen, wenn du deine Maske ablegst
und den Blick zur dir ins Innere bewegst.

Das Leben hört nicht auf

Überall auf Erden triffst du Menschen,
die mit dem Leben kämpfen.
Bei einem ist das Herz kaputt,
beim anderen ist es der Bankrott.
Die einen haben nichts zum Essen,
die anderen wollen ihre Kräfte messen.
Was immer es auch sei,
das Leben geht nicht vorbei.
Mach das Beste aus allem was kommt,
auch wenn dir der Kopf schon brummt.
Weine, lache, sei öfters gut drauf,
denn das Leben, das hört nicht auf.

Das Leben im Hier und Jetzt

Sie suchen hier und suchen da,
ach wie schnell vergehen die Jahr´.
Vielleicht ist sie das da hinten dort,
o Mist sie geht mit ´nem andren fort.
Ah, diese hat ´nen tollen Arsch und geile Titten.
Ich werd´ sie schnell um ihre Nummer bitten.
Super so schnell hat´s geklappt und ich hab sie
bekommen,
die Jungs rufen: „Unglaublich, du hast echt den
Jackpot gewonnen."
Doch nach drei Wochen hat sie sich mit ´nem
neuen Typ getroffen.
Nun sitz ich hier am Tresen und bin wieder mal
besoffen!
Warum bleibt keine denn bei mir?

Junge, wie dumm kannst du nur sein im Hier und
Jetzt!
Du checkst es nicht, hast dich die ganze Zeit nur
abgehetzt!
Nur die im Herzen Liebe tragen
werden Antworten finden auf ihre Fragen.
Es wird dich dieser Weg nicht weiterbringen,
lass´ sein mit diesen unnützen Dingen.
Du kannst die Richtige in dieser Zeit nicht sehen,
musst solange in deinem Leben alleine
weitergehen!
Wach auf, sonst ist es zu spät!
Und dann, nicht mal einer an deinem Grabe steht!

Der Kummer

Deprimiert und Unwohlsein,
die meisten sind zu dir gemein.

Sorgen plagen, dir geht's nicht gut,
überhaupt es fehlt der Mut.

Dann hör´ Musik die dir gefällt,
es gibt nichts, was dich dann noch quält.

Lass sie ganz in dein Herz hinein,
jetzt spür´, dein Kummer wird ganz klein.

~ ~ ~

Der Tag wird kommen

Unendlich schlimm waren die leidvollen Stunden,
viele Tränen sind geflossen in unzählige Wunden.

Verzeihen ist besser als böse Wut,
alles löst sich auf, dann kommt der Mut.

Denn eines Tages wirst du mich verstehen,
und keine Worte mehr verdrehen.

Dann komm an jenen Ort, wenn du bist soweit,
soll es denn sein, ich und du, sind wir bereit.

Die Liebe wird siegen über Ärger und Frust,
Das Schicksal bringt´s, erst dann macht Leben Lust.

Die Denker

Das Leben ist kompliziert, nicht immer zum Lachen.
Warum sich denn darüber Gedanken machen?
Warum sind nicht alle Menschen zu mir gut?
Warum haben die einen Ängste, die andren Mut?
Warum bin ich anders und muss leiden?
Wie kann ich denn die Egomanen meiden?

Die Meisten die nur Vergnügung suchen und sich
Geld von anderen für ihren Urlaub buchen.
Was sind das für Menschen,
die mit aller Macht zerstören und kämpfen?
Warum muss ich andauernd denken, während die
andren sinnlos ihr Leben verschenken?
Was hat es mit den Genen auf sich?
Und warum bin ich ICH?
Ich dreh´ bald durch mit meinem Denken, ich
wünschte ich könnte allen Menschen Zufriedenheit
schenken.

Gibt es etwas was wir nicht sehen,
wie kann ich die Welt nur verstehen?
Existiert das Gute denn nur in meinem Kopf und
warum hab ich fürs Denken keinen Ausschaltknopf?
Wo komm ich her? Wo geh ich hin?
Das sind alles Fragen, doch was ist der Sinn?
Wer hat Antworten auf diese Fragen?
Und kann den Sinn des Lebens sagen?

Macht euch keine Mühe, ihr schafft es nicht alleine.
Und, was ich mache? Ich stehe auf, sehe in die
Welt, in die Menschen und weine.

Die Illusion

Nur Augen für diese Frau mit Geld,
fühlst du dich wie ein Superheld.

Diese falsche Schlange ist so kalt wie Eis,
macht dich mit ihrem Augenaufschlag heiß.
Du merkst es nicht wie sie dich um ihren Finger
wickelt,
sie geschickt ihr Ding durchzieht bis es bei dir
prickelt.

Völlig naiv an ihrer Seite glaubst du ihren Worten sie
seien ehrlich.
Doch mit ihrer Dominanz macht sie sich nur für dich
unentbehrlich.

In deiner Nähe gab es noch eine andre süße Maus,
doch sie besitzt weder Vermögen noch ein Auto
oder Haus.
Sie ist ein guter Mensch mit Liebe in ihrem großen
Herzen.
Die Ehrlichkeit wurde ihr Verhängnis, denn als Lohn
gab es Schmerzen.

Verzweifelt auf der Suche nach Gesprächen mit dir
wolltest du sie nicht sehen.
Du wolltest nichts davon wissen, weder bemerken
noch versuchen sie zu verstehen.

Wie solltest du sie sehen, diese liebenswerte Person,
denn du belügst dich selbst, lebst in einer Welt der
Illusion!

Die Liebe

Ich bin durch Höhen und Tiefen gegangen,
es war schlimm und ich war in mir gefangen.

Wo war der Retter in der Not?
Außen wie Innen fühlte ich den Tod?

Ich suchte nach Liebe, dachte sie wäre schon hier.
Doch was ich fand war nur die Leere in dir.

Deine Gefühle bereits so starr wie Leichen,
gefangen in dir blieb nichts andres übrig als der
Liebe auszuweichen.

Du gibst dich charmant und grinst mit taktischer
Falschheit dahinter.
Deine Gleichgültigkeit könnt nicht kälter sein als der
tiefste Schnee im Winter.

Dennoch wünsche ich dir viel Glück und alles Gute
im Leben.
Du wirst es gebrauchen, denn vielleicht lernst du
irgendwann doch noch Liebe zu geben.

Die Narbe bleibt

Ich folgte meinem Herzen. nicht meinem Verstand,
doch Du zerstörtest meine Hoffnung, sie zerfiel wie
ein Turm im Sand.

Du glaubst mir nicht, ich war verliebt in Dich.
Es verletzte, dass ich aus Enttäuschung von Dir wich.

Meine Seele trauert, doch irgendwann ist es
verheilt.
Schlimm ist nur, für mein restliches Leben habe ich
eine Narbe... die bleibt.

~ ~ ~

Die Seele

Traurig ist sie, sie weint wie verrückt.
Weil ihr in die Liebe nichts glückt.
Sie ist so lieb, so gut und ganz fein,
doch welches gute Herz schaut bei ihr mal rein?

Einmal wurde ihre bedingungslose Liebe geraubt.
Er muss es sein der mich liebt hatte sie geglaubt.
Doch er hat sie nur benutzt um das was er will zu
bekommen.
Da! Knack, ein Schmerz . Sie war fassungslos und
ganz benommen.

Zurück kam nichts, denn er wollte nichts geben.
Wieso ich? Tja, so ist nun mal das Leben!

Diese Welt

Egoismus, Macht und Schönheitswahn,
nein, das gefällt mir nicht, wirft mich aus der Bahn.
Dieses Leid kann ich nicht mehr ertragen,
dass die Menschen untereinander haben.

Mir fällt das Leben nicht mehr leicht,
weil der Sinn aus meinem Leben schleicht.
Manche Dichter und Philosophen sind schon daran
zerbrochen,
denn sie haben zuviel über den Sinn des Lebens
gesprochen.

Vielleicht bin ich sogar einer von Ihnen,
habe keine Lust mehr den Egoisten zu dienen.
Warum kann ich nicht leben in Freude und
Heiterkeit?
Ich bin wahrscheinlich nicht mehr dazu bereit.

Kann es nicht ertragen diese Lügen in der Welt,
in dem so wichtig ist das viele Geld.
Die Mächtigsten schieben es in Krieg und Waffen
rein,
anstatt das Geld an die Ärmsten zu verteilen.

So ungerecht ist diese Welt geworden,
ich fühle mich hier nicht geborgen.
Ich bin alleine nicht fähig diese Welt zu verändern,
müsste mich verbinden mit den Menschen in allen
Ländern.

Doch was nützt es mir, zu viele sind charakterlos.
Ich kann nicht mehr, was soll ich machen bloß?

Doch Du...

Du bist mir so nahe, auch wenn wir uns nicht kennen,
doch du hattest nicht mal mit mir reden können.

Als ich dich sah, fühlte ich dieses unendliche vertrauen,
doch du warst Gefangener deiner Angst und bist abgehauen.

Wie hätte ich dir sagen können, dass dies einmalig ist,
doch du dachtest es ist so eine Masche, weil du dir da sicher bist.

Es hat mich tief verletzt, es schmerzt diese Trauer in meiner Seele,
doch du verharrst in deinem Eigensinn, siehst nicht wie ich mich quäle.

Mein Herz ist schwer, ich bin am Ende, fühle mich so unendlich alleine und kann es nicht fassen,
doch du scheinst es nicht zu spüren, ich kann nicht mehr und muss dich loslassen.

Es tut weh, wenn ich dir begegne und wir uns ansehen.
Mein gebrochenes Herz sieht dich, doch es wird alleine weitergehen.

Freundschaft (Die Beste)

Mit Dir betrübte Gedanken austauschen,
wenn mir mein Kopf anfängt zu rauchen
und einfach in tiefsinnige Gespräche tauchen.

Mit Dir bis nachts telefonieren,
wenn mich meine Gedanken verwirren
und einfach über das Leben philosophieren.

Mit Dir die Menschen zum Denken anregen,
wenn sie abkommen von ihren Wegen
und einfach all die quälenden Sorgen wegfegen.

Mit Dir lachen bis die seelischen Wunden heilen,
wenn ich mit dir meine Traurigkeit kann teilen
und einfach füreinander da sein, im Moment
verweilen.

Mit Menschen wie Dir ist die Welt gesegnet,
wenn es mehr von dir gäbe wäre der Sinn des
Lebens geebnet.
Eines sollst du wissen: Danke, dass ich Dir bin
begegnet.

Geben und Nehmen

Menschen die mehr geben als nehmen,
das sind die Großzügigen und Guten auf Erden.
Doch sollst Du dich hüten und benehmen,
denn wie leicht kannst du ein Nehmer werden.

~ ~ ~

Herzen wie Stein

Soviel Leid und Kummer machen die menschlichen
Triebe.
Bitte glaubt mir, es gibt die Wahre Liebe.
Was soll euer Herz davon halten?
Es kann doch die Gefühle nicht ausschalten.

Die Herzen vieler Menschen sind hart wie Stein.
O bitte, lasst doch endlich die Strahlen der Liebe
herein.
Schicht für Schicht soll es lodern und brennen,
dann braucht ihr vor der Liebe nie mehr
wegrennen.

Irgendwann vielleicht

Tage, Monate, Jahre vergehen,
ich habe dich schon lange nicht mehr gesehen.

Zuviel Schmerzen hab ich erleiden müssen,
ich wünschte Du wärst hier und wir könnten uns
küssen.

Vielleicht bleibt es in diesem Leben ein unerfüllter
Traum.
Ob wir zusammenkommen? Momentan glaube ich
kaum.

Die Wahre Liebe spüren macht nur anfangs Angst.
Bitte, denk darüber nach wenn du kannst.

Meine Seele kann nicht mehr warten,
sie will mit dir einen Neuanfang starten.

Ich spüre wie die Trauer von meiner Seele weicht,
könnten wir uns doch auf Erden lieben, irgendwann
vielleicht.

Leere Herzen

Die Moral vergessen, ausnehmen nach Strich und
Faden,
nur weil er will und muss alles haben.
Andere Menschen sind für ihn ein Nichts.
Schnell getan die böse Tat, vergessen ist´s.
Wie arm ist dieser Mensch, der nur an sich denkt
und andere mit seinen Worten kränkt.

Schärfe deinen Blick,
dann erkennst Du seinen Trick.
Bemerkst du dennoch seine Masche nicht?
Schau hinter das aufgesetzte Gesicht,
denn da sitzt meist ein Mensch mit Hinterlist.
Nun erkannt, den Egoist!?

Dieser Menschen ist im Herzen leer,
will im Leben immer mehr.
Mehr Geld, mehr Sex und noch mehr Macht,
er denkt, dass er so sein Glück im Herz entfacht.
Mit voller Wucht und Gier füllt er damit sein
Herzensloch,
doch je mehr er sich bemüht, leer bleibt es doch.

Menschen der Welt

Trauer, Kummer, Leid und Sorgen,
das sind meine Begleiter früh am Morgen.
Hinterlist und Betrug untereinander.
Was soll dieses ganze gegeneinander?

Was in dieser Welt passiert, kann
ich weder mit ansehen noch ertragen.
Wie kann ich es ändern, wenn fragen?
Mensch Leute hört auf mit diesem Schwachsinn.
Es zählt der Zusammenhalt,
erst das bringt für jeden den wahren Gewinn.
Habt ihr´s jetzt geschnallt?

Zu viele Leute lügen mir ins Gesicht,
das ich nicht mehr glaube was einer spricht.
Viel zu oft wurde ich enttäuscht von den Leuten,
weil sie nur noch Geld und Ansehen erbeuten.
Gib nie auf, das hörte ich zu genüge.
Vielleicht ist es besser wenn ich mich selbst belüge?

O nein, so will ich nicht sein.
Ich weiß, die meisten Menschen sind gemein.
Sie denken nicht und werden oberflächig bleiben.
Das Beste, ich werde diese einfach meiden.
Leben und leben lassen,
warum sich Gegenseitig hassen.
Miteinander und gegenseitig Hilfe geben können,
damit kannst du Geist und Seele verwöhnen.
Bekommst dann ein warmes Gefühl ums Herz
und lässt vergessen so manch eigenen Schmerz.
Hilf mit. denk an meine Worte und gib es weiter in
andere Orte.

Mit Lügen leben

Jeden Tag lügen dir Menschen ins Gesicht.
Da fragst dich, soll ich´s glauben oder nicht?

Hör auf dein Herz und nicht auf den Verstand,
dann hast du die Wahrheit in der Hand.

Glaub dem Gefühl, dass sich im Bauch auftut.
Dann bist du zufrieden und dein Leben wird gut.

~ ~ ~

Original oder Fälschung

Es ist nicht schwer ein Original zu sein,
sich darstellen können ohne großen Schein.

Leider existieren die Menschen mehrfach als Kopie.
Es ist einfach, doch so begreifen sie das Leben nie.

Seelenliebe

Nachts wenn alles schläft bin ich auf Reisen,
immer wo anders, doch kann ich´s nicht beweisen.
Nachts wenn alles schläft fange ich an zu leben,
immer mehr will ich wissen, doch ich bin nur am
schweben.

Nachts wenn alles schläft sehe ich das Geheime,
immer dort wo meine Träume Wirklichkeit sind, doch
hier lässt er mich oft alleine.
Nachts wenn alles schläft suche ich meinen
Liebsten,
immer dort wo er mir nahe war, doch auf Erden, wo
gibt´s den?

Nachts wenn alles schläft weine ich in mein Kissen,
immer dann wenn ich nicht weiter weiß, ich kann
dich nicht vergessen.

~ ~ ~

Sehnsucht

Als die Sehnsucht mich konfrontiert,
hat es mich total verwirrt.
Mein Leben dann ins Chaos gestürzt,
dazu mit viel Schmerz gewürzt.
Die Gefühle hin und her gerissen,
dies hat nun meine Seele komplett zerrissen.
So schön und toll, wie die Liebe sein kann,
es tut nur weh, deshalb will ich nie mehr einen
Mann.

Sinnfragen

Still und einsam philosophiere ich vor mich hin,
frage mich auf was für einer Welt ich bin,
denn stets kommt die Frage nach dem Lebenssinn.

Es fühlt sich an, ob mir jemand meine Lebenskraft
stehle.
Jeden Tag bohrt es sich erneut in meine Seele.
Warum musste es die Liebe sein, die in meinem
Leben fehle?

Quälende Fragen und leidvolle Stunden.
Sie wollen nicht heilen meine Seelenwunden.
Wie schaff ich es nur, wann ist´s überwunden?

Dieses Gefühl, wie tausend Stiche ins Herz,
im Sommer, im Winter oder an einem Tag im März.
Es ist an allen Tagen derselbe unendlich tiefe
Schmerz.

So sind sie die Menschen...

...ständig auf der Suche nach viel Glück und großer Liebe, das Einzige was sie bekommen sind Seitenhiebe.

Glück und Liebe lässt sich nicht einfach so finden, geht gar nicht mal so nebenbei einen Menschen an sich zu binden.

Zufriedenheit, innere Ruhe und mit sich im Reinen, das ist das wahre Glück im Allgemeinen.

Wenn du das schaffst und danach lebst, du dann bald auf Wolke sieben schwebst.

Und all die, die das nicht verstehen, wollen wahrscheinlich weiter so ihr Leben gehen.

Stück für Stück

Wenn es mir gut geht, warum kann es nicht so
bleiben?
Warum verändert sich vieles so schnell und ich muss
leiden?

Was hat das Leben für einen Sinn?
Was ist mein Ziel, wo will ich hin?

Kann mir denn keiner Antworten geben?
Warum muss ich dieses Leben leben?

Einer sagte: Leb´ es mit seiner guten und schlechten
Zeit!
Schau´ ins Jetzt und nicht zu weit.

Hab Zuversicht, Vertrauen und werde weise,
dann kommt der Tag und du hörst es ganz leise.

Denn die Antwort steckt in dir,
die Welt besteht aus dem WIR.

Achte dich selbst und die anderen Menschen,
dann musst du dich nicht mehr durchs Leben
kämpfen.

Du wirst Stück für Stück das Leben begreifen,
jubeln zu leben und nicht mehr verzweifeln.

Tag für Tag

Ich sterbe Tag für Tag ein bisschen mehr.
In den Herzen der Menschen ist es so leer.
Ich will sein bei dir,
bitte rede mit mir.
Ich will mit dir leben, lachen und
glücklich zusammen sein,
O, bitte sei endlich mein.
Öffne dein Herz für mich,
Ich liebe dich.

~ ~ ~

Unerfüllte Liebe

Es ist mitunter das quälendste Gefühl das es gibt,
für einen Menschen der wirklich liebt.

Doch was soll's, wenn der andere die Liebe nicht
schätzt,
und sich bereits an einer Anderen sein Ego wetzt.

Mit Sicherheit wird er Wahre Liebe nie erleben,
du hast sie einem bessern Menschen zu geben.

Du musst auf dein Herz hören so gut es geht,
und dann plötzlich der Richtige vor dir steht.

Verlogene Gefühle

Sie lachen und grinsen dir ins Gesicht,
doch ehrlich meinen sie es nicht.

Nur durch die Gier der Triebe
sind sie in einer Beziehung ohne Liebe.

Während sie die Liebe hegt,
er bereits seinen Arm um eine Andere legt.

~ ~ ~

Verlorene Liebe

Ich kann dich nicht vergessen,
bin wie versessen.

Es ist wie eine Sucht die mich innerlich auffrisst,
weil mein Herz dich so vermisst.

Wieso mussten meine Augen deine sehen?
Warum konnte ich nicht an dir vorüber gehen?

Mein Herz will zu mir zurück,
es schafft es nicht, nicht mal ein Stück.

Bitte, wann kann ich wieder leben?
Es quält, konnte dir nie meine Liebe geben!

Verstand an Herz

„Entschuldige liebes Herz, dass ich dich solange
dem
Schmerz ausgesetzt habe. Ich hatte es nicht
verstanden."

„Danke guter Verstand, du konntest es nicht wissen
und
ich konnte es nicht ahnen, dass meine Liebe nicht
geschätzt wird."

~ ~ ~

Verzweiflung 1

Warum hast du mir das angetan?
Was soll das?
Was ist los?
Warum?
So viele Fragen, doch ich bekomme keine Antwort
von dir.
Warum?
Ich stell mir Tag für Tag diese Fragen.
Was hab ich dir GETAN?
Warum ignorierst du mich?
Warum antwortest du nicht?
Es war so plötzlich!
Warum hast du dich so verhalten?
Warum entschiedst du dich gegen mich?
Antworte mir!
Warum bist du so zu mir?
WARUM?
Schweigen!

Verzweiflung 2

Alles was ich sage kommt nicht bei dir an.
Du blockierst meine guten Worte.
Warum tust du dir das an?
Warum glaubst du mir nicht?
Warum sagst du nichts?
Willst du mich nicht verstehen?
Kannst du es überhaupt verstehen?
Hast du denn ein Gewissen?

Warum nur willst du mich nicht anhören?
WARUM MACHST DU DAS MIT MIR?

Wie soll ich das vergessen, wenn du so gemein zu
mir warst?
Keine Antwort ist schlimmer als eine negative
Antwort.
Lass dir von den falschen Weibern ruhig dein EGO
polieren, denn wenn du bei Verstand wärst, hättest
du mich angehört. Lass dir genauso von anderen
Frauen erzählen, was für ein mieser Kerl du bist.

So wie du dich verhältst, wirst du keine echte Liebe
ernten.
Gleichgültig zu einem herzlichen Menschen, das ist
scheußlicher als der Hass.

Warum?

Warum musste ich dir begegnen?
Warum bin ich so verwirrt, was du sagst, dass
dachte ich?
Warum verhältst du dich so seltsam zu mir?

Warum sagst du mir nicht die Wahrheit?
Warum redest du nicht mehr mit mir?
Warum bekomme ich dich nicht aus meinem Kopf?
Warum glaubst du mir nicht was ich sage?

Warum fühle ich mich so hingezogen zu dir, obwohl
ich dich nicht kenne?
Warum fühle ich mich so sehr verletzt von dir,
obwohl du mir nichts tatest?
Warum fühlt es sich so vertraut an, obwohl ich nicht
viel weiß von dir?

Warum fühle ich mich so verloren ohne dich,
obwohl ich dich nicht suchte?
Warum fühle ich mein Herz klopfen, jedes Mal wenn
ich dich sehe?
Warum fühle ich so, wie ich es noch nie kannte?
O Gott, sind wir etwa Seelenverwandte?!

Wo sind sie?

Wo sind all die anderen, die so sind wie ich?
Wo sind sie hin? Ich kann sie nicht erkennen, nun
frag ich dich!
Warum finde ich sie nicht?
Ich steh im Dunkeln und such das Licht.

Suche die Geborgenheit, die Hoffnung, die Liebe
und meine Heimat.
O nein, ich kann nicht mehr, habe mich schon
verausgabt.

Ich sehe traurige Augen während der Mund lacht.
Nun sag mir endlich, was haben die Menschen aus
sich gemacht?

Ich sehe Herzen ohne Schein.
Los sag mir endlich, das kann nicht wahr sein.
Diese Welt ist nicht so, wie sie sein sollte.
So nah´ war ich dran und jetzt? Ich nur noch fliehen
wollte.

~ ~ ~

Zu seiner Zeit

Du warst die ganze Zeit in meinem Herzen,
hab ausgehalten die unendlichen Schmerzen.
Hab geschluchzt, gelitten und geweint,
bis wieder ein Fünkchen Licht in mir scheint.
Wann ist der Tag, wann die Frist vorbei?
Wann sind wir endlich frei?

Meine Weltanschauung

Ein jeder sieht das hübsche Äußere,
doch die Wenigsten kennen die wahre Schönheit.

~~~

Warum alles einen Anfang und ein Ende hat?
Um dann wieder von vorne zu beginnen.

~~~

Realisten haben ihre Welt im Kopf,
Menschen die vertrauen haben ihre Welt im Herzen.

~~~

Dauerhaft werden sich nur ehrliche Menschen in
den Armen liegen, denn nur wer die wahre Liebe
wählt wird siegen.

~~~

Es wird immer zwei Arten von Menschen geben,
diejenigen, die geben und diejenigen, die nehmen.

~~~

Jedes eigennützige handeln wird früher oder
später im Sand verlaufen!
Genauso wie jeder Egoist früher oder später leer
ausgehen wird!

Was ist nur aus der Menschheit geworden, in dem
Krieg, Hass, Sex und Drogen Macht über sie haben?
Wo sind sie alle hin, der Frieden, das Miteinander,
die Liebe und der Verstand der Menschen?
Eine arme Welt mit schrecklichen Reichtümern.

~~~

Wer einen bestimmten Entwicklungsgrad
erreicht hat, kann nicht zurück in die Masse.

~~~

Erst wenn du deine komplette Vergangenheit
aufräumst wirst du glücklich!

Meine Zitate

„Jeder meint von sich er sei etwas Besonderes,
doch im Verhalten sind sich die meisten gleich.“

~~~

„Hoffnung, Liebe, Glück,
wann kommt es zu mir zurück.“

~~~

„Wer Plan A missachtet, der kommt genauso wenig
mit Plan B durch.“

~~~

„Wie kannst ich mit Menschen auskommen,
wenn
sie von mir etwas erwarten was ich nicht erfüllen
kann.“

~~~

„Wie sehr der Mensch das Äußere betracht,
anstatt er an das Innere gedacht.“

~~~

„Die Seele kennt den Weg,
doch der Mensch folgt ihr nicht.“

„Folge deinem Herzen mehr, als es dein
Verstand zulässt."

~~~

„Oberflächigkeit bedeutet perfekt in
Äußerlichkeiten.
Wer darauf Wert legt hat den Sinn des Wertes nicht
verstanden."

~~~

„Ehrlichkeit braucht keinen Dackelblick
um zu überzeugen."

~~~

„Was ist nur aus dieser Welt geworden,
bei dem es Mut braucht ehrlich zu sein."

~~~

„Das Leben ist faszinierend in ihren Einzelheiten."
„Nur wer mit klaren Gedanken die Welt sieht,
begreift wie wichtig gute Menschen im Leben
sind."

~~~

„Mach das Beste aus dem, so wie es ist,
ohne zu vergessen Deinen Weg zu gehen."
„Wahre Liebe fängt selten glücklich an."

„Ein gutes Menschenherz erkennen ist nicht
schwer,
lausche deiner inneren Stimme und vertraue ihr
mehr."

~~~

„Menschen geben zu allem Kommentare ab,
besonders dort, worüber sie keine Ahnung
haben."

~~~

„Wirklich reich ist derjenige, der ein wahrhaft gutes
Herz besitzt!"

~~~

„Die meisten Menschen suchen die Wahre
Liebe,
doch warum suchen sie sie mit animalischer
Gier?"

~~~

„Lass´ dich nicht vom äußeren Schein blenden,
bevor du nicht das Innere des Menschen
kennst."

~~~

„Verantwortungslose Menschen rauben einem
den letzten Nerv."

„Beziehungen gehen bereits dann auseinander
sobald einer anfängt egoistisch zu denken.“

~~~

„Wer sich vom äußeren Schein blenden lässt,
muss mit Konsequenzen rechnen.“

~~~

„Narren sind die, die die Wahrheit nicht kennen
lernen wollen.“

~~~

„Alle Menschen machen Versprechungen,
doch nur die wenigsten halten sie ein!“

~~~

„Es gibt viele nette Menschen, doch die
wenigsten davon sind gute Menschen.“

~~~

„Wirklich glücklich sind die, die Gutes tun.“

~~~

„Die meisten Menschen sind wie Tiere,
sie sind in jeder Hinsicht aus Beute zu machen.“

„Wer nichts ist, der muss sich darstellen.“

„Kein Tag gleicht dem eines anderen Tages, auch
wenn man dasselbe tut!"

~~~

„Ohne Treue, ohne Vertrauen und ohne Liebe
existieren die Menschen, doch sie leben nicht."

~~~

„Nur was das Herz berührt überdauert den
Augenblick!"

~~~

„Jeder will Liebe bekommen, wenige wollen sie
geben und keiner möchte den Anfang
machen."

Mein erstes Buch

Schicksal in Irland

Celine Fabert ist eine liebenswerte junge Frau mit einem ganz
normalen Leben. Seit einiger Zeit lebt sie zurückgezogen in
einem Mietshaus mitten in Nürnberg. Ihre Kindheit verbrachte
sie bei ihrer Großmutter, an der sie sehr hängt. Umso schlimmer
ist es für Celine als diese dann stirbt. Doch kurz vor dem Tod
ihrer Oma erhält Celine von ihr eine antike Halskette und
schlagartig beginnt Celines gesamtes Leben sich zu verändern.
Ein seltsamer Traum quält sie in manchen Nächten, lässt ihr
keine Ruhe mehr. Celines Welt bricht zusammen, nie wollte sie
ihre Heimat verlassen, doch sie sieht keine andere Möglichkeit
und wandert nach Dublin aus, zu ihrer Freundin Jessica Byler.
Weiterhin ist Celines Leben eigenartig und wird in Irland von
mysteriösen Hinweisen gelenkt. Mittlerweile zweifelt sie an ihrem
Verstand. Die Wahrsagerin Madame Leonora führt sie zwar auf
einen interessanten Weg, doch erst das Experiment von Jessica
bringt sie dem Geheimnis näher...

Diese Geschichte verändert nicht nur Celines Leben!

Weitere Informationen auf den Internetseiten:
http://shekinah1.jimdo.com/
www.bod.de

Kann man sich auf sein Schicksal verlassen?

Nein, kann man nicht, denn jeden Moment in dem du nicht auf dein Herz hörst, wird es neu geschrieben!

Hallo,

das bin ich...

*...und ich möchte
dir helfen.*

Wie es nun mal so ist, kommt man meistens
über einen oder mehrere Schicksalsschläge auf
einen anderen Weg im Leben. Dazu habe ich
mit einen Namen ausgesucht: *Shekinah.*

Über mich

Ich heiße Silke Dirksen,

bin am 02. August 1971
in München geboren

und habe zwei Söhne

~~~

Eingeweiht in

- Reiki (1.-4. Grad)
- Gold Reiki (1. Grad)
- Psychic Reiki
- Engel – Ki
- Akascha Chronik
- Erzengel Metatron

*Ob mir das überhaupt etwas bringt werde ich
sehen wenn ich fertig bin.*

So bin ich

- emphatisch
- zuverlässig
- loyal
- ehrlich
- humorvoll
- intuitiv

~~~

Meine Motivation

Zuversichtliche und positive
Lebenseinstellung

~~~

Meine Interessen

- Film/Kino
- Schreiben
- Literatur/lesen
- Computer/Internet
- Spirituelles

Ich helfe dir in schwierigen Situationen:
Mit Lebensberatung und eventuell mit
Kartenlegen

Schreib mir wenn dich
etwas bedrückt.
Bitte verzeih mir im
voraus, falls es mit der
Antwort etwas länger
dauert.

Viel Licht und Liebe
Shekinah

Shekinah´s secrets

E-Mail: *SilkeDirksen@web.de*

Mein Lebensleitsatz

„Nur ein klarer reiner Geist erkennt alles, begreift alles und weiß alles um im Leben die richtigen Entscheidungen zu treffen".

Diesen Satz kann ich jedem ans Herz legen. Bleibe stets bei klarem Verstand in jeder Lage. Sei gut zu dir und zu deinen Mitmenschen.

Ich wünsche dir, stets richtige Entscheidungen und das Erkennen was gut für dich ist.

Viel Glück!

Shekinah

Shekinah: Der weibliche Engel der Befreiung und des Friedens. Shekinah ist den Menschen stets sehr nahe, und bringt sie dazu, gerecht und fair zu sein. Manche glauben, dass sie den weiblichen Teil der Schöpfung verkörpert. Sie wirkt ganz besonders heilend auf Körper, Geist und Seele ein. Sie befreit die Welt durch alle Epochen hindurch. Sie steht der Menschheit sehr nahe und ist immer ganz besonders verbunden mit denjenigen, die gerecht und rechtschaffen sind.

Meine Buchvorschläge

- *Desiderata / Die Lebensregel von Baltimore – Der Kulttext*
- *Das Buch der Geheimnisse – Deepak Chopra*
- *The secret / Das Geheimnis – Rhonda Byrne*
- *Der Herzmagnet – Rüdiger Schache*
- *Die Prophezeiungen von Celestine – James Redford*
- *Mit meinem Ich auf Du und Du – Ulrike Zöllner*

Es gibt sehr viele Bücher, die Ratschläge für Leben geben, doch die meisten helfen einem nicht weiter und andere können einen in die Irre führen. Die Bücher, die ich hier oben aufgeführt habe sind nur Anregungen. Jeder sollte für sich selbst herausfinden, ob es Bücher sind oder eher Gespräche mit anderen Menschen, die in der jeweiligen Lage Unterstützung bieten. Du musst dir selbst helfen, kein anderer lebt dein Leben als du selbst!

*Es liegt an deinen Handlungen
was du aus deinem Leben machst!*